Der Völkermord an den Armeniern im Jahre 1919. Wie verschleierte die Weimarer Republik ihre eigene Beteiligung?

Sara Issguhi Reisyan

Bibliografische Information der Deutschen Nationalbibliothek:

Die Deutsche Nationalbibliothek verzeichnet diese Publikation in der Deutschen Nationalbibliografie; detaillierte bibliografische Daten sind im Internet über http://dnb.d-nb.de abrufbar.

ISBN: 9783346454836
Dieses Buch ist auch als E-Book erhältlich.

© GRIN Publishing GmbH
Nymphenburger Straße 86
80636 München

Druck und Bindung: Books on Demand GmbH, Norderstedt Germany
Gedruckt auf säurefreiem Papier aus verantwortungsvollen Quellen

Das Buch bei GRIN: https://www.grin.com/document/1034499

Wie systematisch verschleierte die Weimarer Republik zum Ausklang des Völkermords an den Armeniern im Jahre 1919 ihre eigene Beteiligung sowie die des deutschen Kaiserreichs?

IB Kandidatennummer:

Wortanzahl: 2282

Geschichte HL

Inhaltsverzeichnis

Nennung und Beurteilung der Quellen

Diese historische Untersuchung befasst sich mit der systematischen Massentötung von Hunderttausenden Armeniern im Osmanischen Reich in den Jahren 1915 bis 1919, welche in der Bundestagsresolution (Drucksache 18/8613 des Deutschen Bundestags) vom 02. Juni 2016 endgültig als Völkermord eingestuft wurde. Aufgrund der Komplexität der Thematik habe ich die Untersuchung auf das Jahr 1919 konzentriert und hier zuvörderst darauf, wie systematisch Deutschland seine Mitwirkung an diesem Völkermord zu verschleiern ersucht hat. Wenn hier die Rede von Deutschland ist, dann ist sowohl das Deutsche Kaiserreich als auch die darauffolgende Weimarer Republik gemeint. Daraus leitet sich die Fragestellung: „Wie systematisch verschleierte die Weimarer Republik zum Ausklang des Völkermords an den Armeniern im Jahre 1919 ihre eigene Beteiligung sowie die des deutschen Kaiserreichs?" ab.

Es existieren zahlreiche offizielle Berichte von staatlichen oder staatsnahen Institutionen, die sowohl pro-armenische als auch anti-armenische Positionen darstellen. Bei den meisten dieser Berichte wurden jedoch Informationen weggelassen, die der jeweils eigenen Nation oder Institution schaden könnten. Oft wurde aber auch einfach etwas hinzugefügt oder verändert. Diese Untersuchung stellt daher Berichte von Augen- und Zeitzeugen ins Zentrum der Betrachtung, die aus humanistischen Gründen von den Grausamkeiten berichten wollten, die sie umgaben. Ein Nachteil dieser Quellen ist jedoch, dass sie kein ganzheitliches Bild liefern können, sondern eben nur was sie selbst erlebt haben.

Es werden zwei Primärquellen untersucht, die auf unterschiedliche Weise im Januar/ Februar 1919 zum Handeln gegen den Völkermord aufrufen.

Bei der ersten Primärquelle handelt es sich um einen offenen Brief vom deutschen

Kriegsfotographen Armin T. Wegner aus Berlin an den US-Amerikanischen

Präsidenten Woodrow Wilson, welcher im Januar 1919 geschrieben und am 23.

Februar 1919 im Berliner Tageblatt[1] veröffentlicht wurde. Wegner stellt darin das

Leiden der Armenier dar. Er war im Ersten Weltkrieg als Krankenpfleger an der

russischen Front und kam mit deutschen Sanitätern 1915 nach Ost-Anatolien ins

Osmanische Reich, wodurch er Augenzeuge des Völkermords an den Armeniern

wurde. Er beschloss, die Geschehnisse schriftlich und fotographisch festzuhalten.

Seine Fotos gelten heute noch zu den wichtigsten Bildbeweisen des Genozids.[2] In

seinem offenen Brief erklärt Wegner die genaueren Umstände des Völkermords und

geht dabei detailliert auf die für ihn sichtbaren Konsequenzen des Handelns bzw.

Nichthandelns der westlichen Staaten ein. Der Brief stellt das armenische Volk als

Opfer einer systematisch geplanten Vernichtung dar und enthält ausführliche

Beschreibungen der Taten so wie Wegner sie miterlebte. Auch erklärt er, dass

Frankreich, Deutschland und England tatenlos zusahen und den damaligen

Bündnispartner in keinster Weise an dem Verbrechen hinderten. Wegner bittet

Wilson um die Einhaltung der im Berliner Vertrag vom Juli 1878 vereinbarten

Garantien Europas, dem armenischen Volke Sicherheit zu bieten.[3] Geprägt von den

gesehenen Grausamkeiten, ist Wegners Brief emotional verfasst. Dennoch gibt der

Brief die Geschehnisse und Gräueltaten detailliert und unbestritten tatsachengetreu

wieder. Wegner beteuert darin auch, dass er deutscher Staatsbürger sei und deshalb

---

[1] Wegner, Armin T. (1919)
[2] Obst, Michael A. und Haacker, Christoph (2018)
[3] Der Brockhaus, S.464 f.: „**Vierzehn Punkte**, Friedensprogramm des amerikanischen Präsidenten W. Wilson vom 08.01.1918 zur Beendigung des 1.Weltkriegs, enthielt 14 Grundsätze: [...] 12. Lösung der nichttürkischen Völker aus dem Osmanischen Reich"

die Situation skizziere, gleichzeitig den Bündnispartner und Freund Türkei nicht verurteile.

Bei der zweiten Primärquelle handelt es sich um einen Zeitungsartikel, welcher von Ewald Stier geschrieben wurde und am 21. Januar 1919 in der Frankfurter Zeitung erschienen ist.[4] In seinem Zeitungsartikel informiert Stier das deutsche Volk über die Geschehnisse im Osmanischen Reich und fordert die Regierung dazu auf, dass das deutsche Volk über die Gräueltaten des Bündnispartners aufgeklärt werden solle. Als evangelischer Pfarrer war auch sein Motiv stets humanistischer Natur. Unter anderem setzte er sich für die Rechte des christlichen armenischen Volkes ein, weil er früh realisierte, dass durch die Ermordung der Armenier auch eine Jahrtausende alte christliche Kultur zugrunde gehen würde. In der Zeit nach dem Krieg setzte er sich für die deutsch-armenischen Beziehungen ein und wurde 1944 stellvertretender Vorsitzender im Vorstand der Deutsch-Armenischen Gesellschaft.[5]

Stier ist ein Zeitzeuge, der vor allem auf die Mitverantwortung Deutschlands abzielt. Beispielsweise führt er an, dass Deutschland dem Wilsonschen 14 Punkte Programm und somit auch dem darin enthaltenen Punkt 12 zugestimmt habe. Aus diesem Punkt leitet sich ein Recht auf Selbstverwaltung aller im osmanischen Reich lebender nicht-Türken –also auch den Armeniern– und Schutz vor türkischer Herrschaft ab.[6] Aus Rücksicht auf den Bündnispartner Türkei habe man die deutsche Öffentlichkeit nicht über den Völkermord informiert. Aufgrund Deutschlands Passivität und gehemmter Berichterstattung könne man, so Stier, nicht anders urteilen, als zu glauben, dass Deutschland die Vorkommnisse billigte. Er bittet die deutsche

---

[4] Stier, Ewald (1919)
[5] Evangelische Landeskirche Anhalts (2006)
[6] Der Brockhaus, S.464 f.: „**Vierzehn Punkte**, Friedensprogramm des amerikanischen Präsidenten W. Wilson vom 08.01.1918 zur Beendigung des 1.Weltkriegs, enthielt 14 Grundsätze: […] 12. Lösung der nichttürkischen Völker aus dem Osmanischen Reich"

Regierung, die deutsche Öffentlichkeit in der armenischen Frage ab sofort transparent zu informieren. Stier argumentiert eindeutig pro-armenisch; nicht nur weil er sich als christlicher Pfarrer für eine christliche Minderheit bzw. Kultur einsetzt, sondern insbesondere auch, weil er ethisch/ moralisch betroffen ist. Die Ereignisse widersprechen seinem religiös humanistisch orientierten Wertespektrum. Dementsprechend ist diese Quelle stets auch im Hinblick auf ihre Objektivität kritisch zu hinterfragen.

Untersuchung

Im Folgenden werde ich kurz den historischen Verlauf der Ereignisse in Deutschland und Armenien um 1919 skizzieren, um dann die Aussagen der Quellen in Bezug auf meine Fragestellung zu analysieren.

In der Nacht zum 25. April 1915 wurden „sechshundert führende Persönlichkeiten des armenischen Volkes"[7], wie zum Beispiel Politiker, Geistliche und Intellektuelle in Konstantinopel verhaftet, deportiert und umgebracht. Dies war der Auftakt zum Völkermord an den Armeniern. In der Folge wurden Armenier des osmanischen Reichs einbestellt, verfolgt, verhaftet, enteignet und deportiert – oft aber schon an Ort und Stelle getötet. Die Deportationen führten in die mesopotamische Wüste, wo die Armenier dem sicheren Tod entgegenblickten. Augenzeugen berichten von entfesseltem Rauben, Morden und Vergewaltigen.[8] Die Jungtürken[9] nannten ihr Handeln Sicherungsmaßnahmen, die aber eher die Vernichtung des armenischen Volkes zum Ziel haben mussten.[10] Insgesamt fielen Hunderttausende Armenier den Massakern zum Opfer. Über die genauen Zahlen wird gestritten. Armenier, Franzosen und viele andere westliche Nationen gehen von 1,1 Mio. Toten aus.[11]

Aufgrund der guten Beziehung zwischen Deutschland und dem Osmanischen Reich waren deutsche Militärs schon lange vor dem ersten Weltkrieg, also bereits weit vor 1915, in den osmanischen Armeen vertreten. Dies betraf sowohl einfache Beratungstätigkeiten, als auch die Übernahme von Positionen innerhalb osmanischer

---

[7] Wolff, Thoedor (1999)
[8] Hosfeld, Rolf (2015), S.12
[9] Erklärung Jungtürken: Komitee für Einheit und Fortschritt, politische Geheimorganisation im Osmanischen Reich, später CUP
[10] Wolff, Theodor (1999), siehe Aussage: „Die Männer wurden von Frauen und Kindern getrennt, abseits geführt und getötet, die jüngeren Frauen und Mädchen, auch Kinder, in türkische Harems und kurdische Dörfer verkauft und verschleppt. [...] Deutschen, Amerikanern und Schweizern wurde jeder Versuch, Hilfe zu bringen, untersagt".
[11] Hosfeld, Rolf (2015), S. 11

Militärverbände. Während des Völkermords war beispielsweise der deutsche Offizier Felix Guse Stabschef der III. Armee und Stellvertreter des Oberkommandierenden der Kaukasusarmee Hassan Izzet Paschas. Fritz Bronsart von Schellendorf war Generalstabschef des osmanischen Feldheeres und an führender Stelle *operativ* am Völkermord an den Armeniern beteiligt. Talaat Pascha, Innenminister und Großwesir des Osmanischen Reichs sowie Führer der Jungtürken, schrieb in seinen Memoiren, dass es Gespräche zwischen Enver Pascha, Generalleutnant und Kriegsminister des Osmanischen Reichs, und seinem Generalstabschef Bronsart von Schellendorf über die Deportationen der Armenier gegeben hat. Bronsarts Worten zu Folge sollten die Armenier an einen vom Krieg unberührten, dünn besiedelten, aber fruchtbaren Ort überführt werden. Außerdem beschlossen Enver und Bronsart gemeinsam die Deportation der Armenier damit zu rechtfertigen, dass sich das armenische Volk mit den verfeindeten Russen verbündete.[12]

Ein Höhepunkt ist sicherlich, dass Felix Guse am 19. Juli 1915 eine „völlige Vertreibung aller Armenier aus den sechs östlichen Provinzen"[13] anordnete. Er betrachtete die Ausrottung der Armenier als „hart, aber nützlich"[14]. Botschafter Wangenheim, General Bronsart und Marineattaché Hans Humann, Enver Paschas engster Berater, waren fest davon überzeugt, dass die Armenier rebellierten und daher umgesiedelt werden sollten. Außerdem seien die Armenier gnadenlose Mörder der muslimischen Population.[15] Guse behauptete, dass die Armenier als Volk die Strafe verdient hätten.[16] Unter anderem bezeichnete er sie auch als den internationalen Feind.[17] Deutsche Militärs waren dabei direkt in den militärischen Befehlsketten des Osmanischen Reichs aktiv. Sie haben also gemeinsam mit den

---

[12] Gottschlich, Jürgen (2015), S. 126
[13] Ebd., S. 184
[14] Ebd., S. 199
[15] Dadrian, Vahakn N. (1997), S. 35
[16] Ebd., S. 35, Org. Text: „the Armenians as a people deserving the „punishment""
[17] Ebd., S. 35, Org. Text: „the international foe"

osmanischen Ministern den Völkermord an den Armeniern entschieden und durchgeführt. All dies wurde der deutschen Öffentlichkeit bis Sommer 1919 vorenthalten.

Nach Ende des Krieges 1918 führte die militärische Kapitulation des Osmanischen Reiches zu einer vierjährigen Besatzungszeit Konstantinopels durch die Alliierten. Die neuen Machthaber am Bosporus –osmanische Liberale– strebten „eine klare Zäsur und eine deutliche Abrechnung mit der Vergangenheit"[18] an, um einen möglichst erfolgreichen Neuanfang nach dem Krieg zu gewährleisten. Auch die Alliierten forderten die Bestrafung der Kriegsverbrecher als elementaren Bestandteil bei den Friedensverhandlungen.[19] Bereits im Januar 1919 folgten strafrechtliche Verfolgungen und Verhaftungen.[20]

Im März 1919 folgten dann Verhandlungen vor dem Kriegsgericht. Am 8. April 1919 wurde beispielsweise der Landrat von Yozgad wegen Massaker, Plünderungen und Beraubungen zum Tode verurteilt und gehängt.[21]

Die *Hauptverfahren*, in denen Talaat und Enver Pascha als Hauptverantwortliche für den Völkermord an den Armeniern in Abwesenheit angeklagt wurden, begannen am 28. April 1919.[22] Verklagt wurden sie, weil sie die Führer einer verbotenen Geheimorganisation[23] waren. Dazu galten: Massaker an der Bevölkerung, Plünderungen von Gütern und Geldern, Verbrennen von Häusern und Leichen,

---

[18] Hosfeld, Rolf (1996), S. 223
[19] Ebd., S. 224, Alliierte: die Briten
[20] Ebd., S. 226
[21] Ebd.
[22] Ebd., S. 226f.
[23] Ebd., Erklärung CUP: Komitee für Einheit und Fortschritt, politische Geheimorganisation im Osmanischen Reich, nach Jungtürken bis 1918

Vergewaltigungen, Folterungen und Quälereien.[24] Taalat, Enver und andere jungtürkische Führer sind vorher geflohen und setzten sich nach Berlin ab.[25]

Am 5. Juli 1919 wurden Taalat und Enver in Abwesenheit zum Tode verurteilt, während diese sich nach wie vor in Berlin aufhielten und von deutschen Führungspersönlichkeiten gedeckt wurden.[26]

Zur offiziellen Berichterstattung in Deutschland schrieb Stier: „Es war nicht möglich, die öffentliche Meinung über die Vorgänge in Armenien aufzuklären; die Presse war größtenteils auf die offiziellen türkischen Berichte angewiesen." Dies habe Deutschlands tatenloses Zusehen rechtfertigen sollen. Die Zäsur an Daten und Fakten oder Deutschlands „Wirken in der Stille" seien ein Beweis dafür, dass „Rücksicht auf die verbündeten Türken" genommen wurde.[27] Hier findet sich ein belastender Hinweis darauf, dass insbesondere zu Zeiten des Kaiserreichs (also bis 1918), alle den Völkermord an den Armeniern betreffenden Publikationen, systematisch - also über Anweisungen und Befehle - unterdrückt wurden. Die Auswirkung der Weimarer Republik (09. Nov. 1918) wirkte darauf jedoch offenbar positiv, da bereits ab Januar 1919 breit und offen publiziert wurde.

Theodor Wolff erklärt in seinem unbetitelten Kommentar im Berliner Tageblatt im Juli 1919, dass der Presse „durch offizielle Instruktionen Schweigepflicht über die Armeniergreuel auferlegt" worden sei, da die türkische Regierung geschont werden sollte.[28] Die Berichterstattung sei unterdrückt worden, weshalb die deutsche

---

[24] Akçam, Tener (1996), S. 193-195
[25] Hosfeld, Rolf (2015), S. 222
[26] Ebd., S. 228
[27] Stier, Ewald (1919)
[28] Wolff, Theodor (1919)

Öffentlichkeit sich kein vernünftiges Bild über das Vorgehen der Jungtürken und der Mitwirkung Deutschlands machen konnte. Deutschland habe sich nicht nur als Teilnehmer und Mitwisser, welcher Beihilfe leistet, schuldig macht. Vielmehr habe die Verschleierungstaktik dazu beigetragen, in Deutschland den eigentlichen Urheber des Völkermords zu sehen.[29] Auch hier zeigt sich sehr deutlich, dass die Berichterstattung in Kaiserreich systematisch unterdrückt bzw. verschleiert wurde, dies ließ sich jedoch mit Ausrufung der Weimarer Republik ins Positive wandeln.

Im August 1919 erscheint in der Kölnischen Volkszeitung ein Kommentar: „Es ist kein Zweifel, daß, was dem armenischen Volke angetan wurde und noch angetan wird, das größte Verbrechen der Weltgeschichte ist. [...] Die Hirnmordung des armenischen Volkes ist eine der schwersten Anklagen gegen die Barbarei [...] Die letzten Reste der armenischen Nation sollten nun wenigstens in den Schutz der ganzen Menschheit gestellt werden [...] Armeniens Wiederaufbau ist eine Ehrenpflicht Europas."[30] Ab diesem Zeitpunkt war eine Verleumdung der Beteiligung Deutschlands nicht mehr möglich. Auch hier zeigt sich eindeutig, dass die Republik gegenüber dem Kaiserreich in Sachen Aufklärung und Pressefreiheit einen eindeutigen Vorteil hat.

Am 15. März 1921 wird Talaat von dem armenischen Studenten Soghomon Tehlirian auf der Hardenbergstraße in Berlin aus nächster Nähe in den Hinterkopf geschossen. Es folgt eine Verhandlung in der viele Gräueltaten während des Völkermords offen zur Sprache kamen. Tehlirian wurde für den Mord an Talaat freigesprochen.[31]

---

[29] Stier, Ewald (1919)
[30] Kommentar (1919): „Der Massenmord am Armeniervolk", Kölnische Volkszeitung
[31] Hosfeld, Rolf (2015), S. 232

Zusammenfassend ist festzustellen, dass das insbesondere das Deutsche Kaiserreich eine strategische Zurückhaltung von Informationen und Dokumenten pflegte, um den Bündnispartner zu stärken. Hierzu wurden offenbar Anweisungen und Befehle genutzt, um sicherzustellen, dass nichts Belastendes an die Öffentlichkeit gelangt. Diese Art von Verschleierung ist also systematisch zu bewerten. Bereits sehr früh nach Ausrufung der Weimarer Republik ist in der Hinsicht ein positiver Trend zu beobachten. Vor dem Hintergrund, dass deutsche Staatsbürger vor Ort präsent waren, die Deportationen erlebt, darüber berichtet und der deutschen Presse Berichte zur Verfügung gestellt hatten, blieb Deutschland zunächst tatenlos. Erst unter erhöhtem Druck geben sie ab 1919 Quellen frei.

Die aufgeführten Quellen fordern die Veröffentlichung von verschleierten Tatsachen und wünschen eine wahrheitsgemäße Berichterstattung der Ereignisse des Völkermords an den Armeniern und die Bekanntmachung der Beteiligung Deutschlands. Festzustellen ist, dass Deutschland nicht unschuldig an diesen Gräueltaten war, weil Deutschland durch sein Mitwissen Beihilfe zum Völkermord geleistet hat. Mit dem Freispruch Tehlirians wurde der Völkermord als Tatbestand nicht mehr infrage gestellt.

Reflexion

Durch die Auseinandersetzung mit der 1919 stattfindenden Diskussion über den Völkermord an den Armeniern habe ich gelernt, welchen Problemen Historiker ausgesetzt sind. Dafür musste ich mehrere von Historikern verwendete Methoden anwenden. Am Anfang meiner Untersuchung suchte ich verlässliche Bücher und Internetquellen als Hintergrundinformationen für die Analyse der Quellen. Ich versuchte dann meine Recherche in einen zeitlichen Rahmen zu fassen und ging auf die Suche nach Primärquellen in Deutschland, um mein Thema auch geografisch einzugrenzen. Zudem merkte ich schnell, dass viele Artikel und Dokumente nur die offiziellen Perspektiven der Geschehnisse darstellten, und daher nicht für meine Untersuchung geeignet waren. Daraufhin versuchte ich ausschließlich Quellen, wie Berichte, Briefe und andere Dokumente von Zeit- oder Augenzeugen zu finden, da nur diese eine wahrheitsgemäße Wiedergabe enthielten.

Um so objektiv wie möglich zu bleiben musste ich die gesammelten Hintergrundinformationen immer berücksichtigen. Die Herausforderung für den Historiker besteht darin, das Gleichgewicht zwischen unterschiedlichen Meinungen und Darstellungsweisen zu finden. Hierbei habe ich gemerkt, wie schwer es für einen Historiker ist, objektiv zu bleiben. Mein vermutlich größtes Hindernis war es, während der Analyse und der Untersuchung objektiv zu recherchieren, zu widerlegen und zu argumentieren. Dies liegt an der Tatsache, dass ich selbst aus Deutschland stammende Armenierin bin. Dies machte die Untersuchung komplizierter, da ich durchgehend mit mir in den Diskurs ging um konstruktiv und neutral zu bleiben. Jedoch zeigte es mir auch, dass es möglich ist, historische Ereignisse mit einer gewissen Grund-Voreingenommenheit zu beschreiben und über den Prozess hinweg ins Unvoreingenommene hineinzuwachsen und meine eigene Perspektive zu reflektieren und zu überdenken.

Das größte Hindernis der auf Archivberichten basierenden historischen Untersuchung war es, die Werturteile der Historiker und Autoren nicht in meine Sicht miteinfließen zu lassen. In den Geschichtswissenschaften, anders als in den Mathematikwissenschaften zum Beispiel, in welchen es immer nur eine richtige Lösung gibt, variiert das Ergebnis und die Interpretation zwischen Region und Sichtweise. Daraus habe ich gelernt, dass die Beurteilung und Interpretation einer Quelle im Hinblick auf die Herkunft, den Zweck und den Inhalt essenziell für die Geschichtswissenschaften sind.

Bibliografie

Textquellen:

Akçam, Taner (1996): „Armenien und der Völkermord - Die Istanbuler Prozesse und die türkische Nationalbewegung", zitiert aus dem Kriegsgerichtshof Istanbul, vom 27.4.1919

Dadrian, Vahakn N. (1997): German responsibility in the Armenian Genocide, Blue Crane Books, Cambridge

Gottschlich, Jürgen (2015): Beihilfe zum Völkermord, bpb (Bundeszentrale für politische Bildung), Bonn

Hosfeld, Rolf (2015): „Tod in der Wüste – Der Völkermord an den Armeniern", C.H. Beck Verlag, München

Kommentar (02.08.1919): „Der Massenmord am Armeniervolk", Kölnische Volkszeitung

Lepsius, Johannes (1919), „Deutschland und Armenien", 1914 - 1919: Sammlung diplomatischer Aktenstücke, Potsdam

Stier, Ewald (21.01.1919): „Armenien", Frankfurter Zeitung (siehe Anhang 1)

Wolff, Theodor (28.07.1999): unbetitelter Tageskommentar in: Berliner Tageblatt

Strzysch, Marianne und Weiß, Joachim (Redaktionelle Leitung), „Vierzehn Punkte", in: Der Brockhaus in fünfzehn Bänden, Band: 14, TAN-VIR, Leipzig-Mannheim, 1999, S. 464 f.

Internetquellen:

Evangelische Landeskirche Anhalts (2006): Einsatz für Armenier:
    Erinnerung an Ewald Stier, https://www.landeskirche-anhalts.de/aktuell/2569
    [18. September 2018, 16:43 Uhr]

„Germany and the Armenians", New York Tribune, 14.8.1919 in: Wolfgang Gust (Hg.)
    Armenocide-Dokumente aus staatlichen Archiven,
    online unter: armenocide.de [17. September 2018, 22:14 Uhr]

Obst, Michael A. und Haacker, Christoph (2018): Kurzbiographie,
    http://www.armin-t-wegner.de [19. September 2018, 19:29 Uhr]

Wegner, Armin T. (23. Februar 1919): „Amenien",
    Berliner Tageblatt, Staatsbibliothek-Berlin;
    http://zefys.staatsbibliothek-berlin.de/index.php?id=dfg-
    viewer&L=0&set%5Bimage%5D=4&set%5Bzoom%5D=default&set%5Bdebug
    %5D=0&set%5Bdouble%5D=0&set%5Bmets%5D=http://content.staatsbiblioth
    ek-berlin.de/zefys/SNP27646518-19190223-1-0-0-0.xml,
    [17. September 2018, 15:12 Uhr] (siehe Anhang 2)